Éstos son... COLORES

Cintia Roman-Garbelotto & Valentina Garbelotto
Ilustraciones por Oana Voitovici

A Ivo, que se hizo esperar mucho pero ya está entre nosotros.

© 2014 Cintia Roman-Garbelotto & Valentina Garbelotto.
Versión en Español por Cintia Roman-Garbelotto. ISBN978-0-9960526-8-9.
Quedan todos los derechos reservados. Publicado por CRG en Dayton, Ohio.

A Mateo, cuyo entusiasmo fue nuestra verdadera fuente de inspiración.

Éste es azul y éste es celeste.

Éste es rojo.

Si no me quieres,

yo me enojo.

Éste es

verde.

Éste es violeta.

Éste es rosa. ¡Veo un elefante y una mariposa!

Éste es amarillo.

Mi gato juega con un ovillo.

Éste es **marrón**. Este oso no es gruñón.

Éste es
gris,

¡Mi gato

duerme tanto!

¿Lo leemos otra vez?

¡Al celeste iremos pues!

La obra de arte de Mateo, después de leer
Éstos son...Colores.

www.ingramcontent.com/pod-product-compliance
Lightning Source LLC
Chambersburg PA
CBHW040101160426
43193CB00002B/38